Barbara Kramer

Hinter der Fassade – Menschenbotschaften

Originalausgabe – Erstdruck

Barbara Kramer

# Hinter der Fassade – Menschenbotschaften

Gedichte

Schardt Verlag Oldenburg

Bibliografische Information *Der Deutschen Bibliothek*

Die Deutsche Bibliothek verzeichnet diese Publikation in der Deutschen Nationalbibliografie; detaillierte bibliografische Daten sind im Internet über *http://dnb.ddb.de* abrufbar.

1. Auflage 2003

Copyright © by
Schardt Verlag
Uhlhornsweg 99 A
26129 Oldenburg
E-Mail: schardtverlag@t-online.de
Tel.: 0441-21779287
Fax: 0441-21779286
Herstellung: Janus Druck, Borchen

ISBN 3-89841-102-8

| | |
|---|---|
| *Einführung von Rainer Kühn* | 8 |
| Vorwort | 12 |
| Marionette | 14 |
| Hinter der Fassade | 15 |
| De-maskiert | 16 |
| Ende der Magie (?) | 17 |
| Zweifelnagen | 18 |
| Schneckenhaus | 19 |
| Liebes Theater! | 20 |
| Verfilztes Wir | 21 |
| Krake | 22 |
| Rot | 24 |
| 4 Farben Blau | 25 |
| Perspektive – Perspektive? | 26 |
| Ungeheuer | 27 |
| Die heil(ig)e Familie | 29 |
| Vielfalt | 30 |
| Zu leise? | 31 |
| *Alles* aufdecken? | 32 |
| Gedankenkarussell | 34 |
| Tränen, ungeweint | 35 |
| (Ent)Scheidungs – Freiheit?! | 36 |
| Doppeltes Leid | 37 |
| Multikulturell | 38 |
| Ehrentrilogie | 39 |
| Kettenreaktion | 43 |
| Kreislauf | 44 |
| Nach der Therapie | 46 |
| Für einen Freund | 47 |
| Für Aileen | 51 |
| Nur ein Spiel *von Jonas Engel* | *52* |
| Was wurde eigentlich aus Zappelphilipp | 53 |
| aufgeklärte Zeiten | 55 |
| Keine Sorge! | 56 |
| Vaterlos | 57 |

Vater ist ein Riese ........................................................................... 58
Warum so stumm, mein Kind? ...................................................... 60
(Ent)Scheidungskinder ................................................................. 61
Trübsal oder Kinderstärke ............................................................ 62
Dreizehnte Fee .............................................................................. 63
Verordnung ................................................................................... 65
NEIN! *von Sarah Eckhardt* ............................................................ *66*
Prostitution ................................................................................... 67
Gehör ............................................................................................ 69
Großmutter ................................................................................... 70
Großmutter – Ein anderer Tag ...................................................... 71
Viel zu einfach? ............................................................................ 74
Offenheit ....................................................................................... 75
Leben ............................................................................................ 76

In Gedenken an
meine Mutter Ilse Kühn, gestorben 1956,
meine Großmutter Elfriede Lehmann, gestorben 2002,

und in Dankbarkeit
für die vielen Menschen,
die mir in meinem bisherigen Leben
Liebe, Freundschaft und Achtung schenkten.

*„Die Probleme der Gewalt sind immer noch sehr dunkel."*

Georges Sorel

Die folgenden Texte und Gedichte handeln von Gewalt – auch wenn das dem Lesenden nicht unbedingt bei jedem Stück sofort ersichtlich sein wird.

Vielleicht hat diese 'Verborgenheit' ja etwas mit der Sache selbst zu tun, um die es gehen soll. Vielleicht ist die Form durch den Inhalt bedingt, dadurch, daß die 'Probleme der Gewalt eben dunkel' sind – und daß eine Vielzahl von Gewaltphänomenen oft erst 'hinter Fassaden' ent-deckt, also erkannt, freigelegt und sichtbar gemacht werden können.

Und daß die Annäherungen an das Thema dann eben auch notwendigerweise ganz unterschiedlich ausfallen – mal plakativ schreiend, mal kaum (im Inhaltsbezug) vernehmbar. Genauso wie auch die konkreten Ausprägungen der Gewalt ganz unterschiedliche Formen annehmen und in völlig verschiedenen Erscheinungsweisen auftreten.

Wenn im Folgenden versucht wird, literarisch-künstlerisch etwas Licht in das Dunkel der Gewalt zu bringen, stehen also zwangsläufig einzelne Splitter oder Facetten des Themas im Vordergrund, ohne daß letztlich behauptet werden könnte, damit ein allumfassendes, erschöpfendes Bild der Gewalt zeichnen zu können. Es sind jeweils perspektivische Einblicke, in denen einzelne Punkte hervortreten (sollen); Hervorhebungen, deren singulären Vorkommnissen, oft eher als 'Kleinigkeiten' angesehen, nun – wie unter einem Vergrößerungsglas – besonderes Augenmerk geschenkt wird; und stets mit Schlagseite, also in ihrer Ausrichtung (und Bewertung) deutlich auf ein bestimmtes Begreifen (als auch im Ziel auf ein konkretes Eingreifen) hin orientiert.

Muß dann nicht sofort der Vorwurf der Einseitigkeit gefürchtet werden? Zweifellos geht es um *eine* 'Perspektive an die Wirklichkeit', aber jeder Bereich der Gesellschaft hat seine spezifische Sichtweise auf das Thema zu finden und zu klären. Genauso wie der Bereich der Politik hat auch der Bereich des Rechts ein Verständnis von Gewalt formulieren müssen; wie im Bereich der Bildung um eine spezifische Position gerungen werden muß, ist auch seitens der Wirtschaft darzulegen, was als Gewalt anzusehen ist, und selbst im Bereich des Sports gilt es anzugeben, was als 'gesunde Härte' akzeptiert, und was als gewalttätiges Verhalten ausgeschlossen wird. Insofern ist natürlich auch in der Kunst der Gesellschaft ein eigenständiges Bemühen um das Thema Gewalt geboten.

Gerade durch die Betrachtung von Einzelfällen, Momentaufnahmen und kurzen Szenen – short cuts – und die dabei eingenommene emotionale perspektivische Position soll etwas mehr Licht in das 'Dunkel der Gewalt' kommen. Diese Herangehensweise mag auch deshalb gerechtfertigt sein, weil die im Zitat ausgedrückte Ansicht von der Dunkelheit der Gewalt gerade dem Kontext entstammt, der sich bislang und gemeinhin für Aufhellung und Aufklärung allein zuständig empfand.

Die Philosophie wie auch die Sozialwissenschaften hätten ein Problem mit ihrer Perspektive auf Gewalt, vermerkte Hannah Arendt, könnten sie doch die Gemengelage in diesem Wortfeld nicht auflösen und kaum trennscharfe Unterschiede zwischen Begriffen wie Macht, Stärke, Kraft und eben Gewalt aufzeigen – der Unfähigkeit, Unterschiede zu hören, entspräche aber die Unfähigkeit, die Wirklichkeiten zu sehen und zu erfassen, auf die die Worte ursprünglich hinweisen.

Allerdings beläßt es Arendt nicht bei dieser Mängelbeschreibung, sondern bietet eine eigene Lösung an, wie die verschiedenen Begriffe zu unterscheiden seien und kommt gerade bei der Gegenüberstellung von Macht und Gewalt zu Einsichten, die vielleicht auch für die hier folgenden Stücke interessant sind.

Hannah Arendts zentrale Überlegung dabei ist, daß Macht der menschlichen Fähigkeit entspreche, nicht nur zu handeln oder etwas zu tun, sondern sich mit anderen zusammenzuschließen und in gegenseitiger Abstimmung zu handeln. Daher könne Macht nur innerhalb von Gruppen entstehen.

Gewalt sei demgegenüber durch einen instrumentalen Charakter ausgezeichnet: 'Organische Werkzeuge' und künstliche Gewaltmittel wären ihr entscheidendes Merkmal. Für Arendt ergibt sich daraus, daß Macht von Zahlen abhängig sei (also von der Anzahl derer, die beim 'Miteinander – Reden – und – Handeln' mitmachen), während Gewalt (bis zu einem gewissen Ausmaß) von Zahlen unabhängig sei, da es hier eben vornehmlich auf Instrumente ankomme.

Vielleicht läßt sich der letzte Gedanke auch so formulieren, daß es im Fall von Macht auf Kommunikation ankommt, die über Verständigungsprozesse zu einer gemeinsamen Organisation führt. Gewalt wäre demgegenüber sprachlos, weil in diesem Fall Werkzeuge zwischen die Menschen treten und eine Distanz entstehen lassen – eine Entfernung, die sich mit modernen Gewaltmitteln bekanntlich beliebig verlängern läßt.

Und umgekehrt? Hannah Arendt spricht mehrfach davon, daß Ohnmacht Gewalt provoziere – nicht in dem Sinne, daß auf Ohnmächtige besonders oft Gewalt ausgeübt würde, sondern vielmehr dahingehend, daß die, 'welche über keine Macht verfügten, besonders geneigt seien, zur Gewalt zu greifen'. Da nun, wie dargelegt, im Kontext ihres Ansatzes Ohnmacht, also 'ohne Macht', doch soviel heißt wie: Nicht am „Miteinander – Reden – und – Handeln" teilzunehmen, wäre die 'Neigung', sich der Gewaltmittel zu bedienen, eine Konsequenz des wie auch immer zustande gekommenen Ausschlusses von der Kommunikation.

Und insofern geht es bei der Frage nach den Ursachen von Gewalt – und der daran anschließenden Frage nach den Möglichkeiten oder Ansatzpunkten von Gewaltprävention – zunächst darum, in Erfahrung zu bringen, warum nicht an der Kommunikation teilgenommen wird, wie dieses Ausgeschlossen-Sein bedingt ist. Ob die, die mitreden wollen, keine Chance dazu erhalten haben; ob sie nicht die richtige Sprache (gefunden) haben; ob es vielleicht an einem geeigneten Platz für Kommunikation mangelt. Aber mit diesen Beispielen (und den möglichen Antworten) sind wir schon mitten im Thema:

Gewalt überwinden
Geht das?
...
Öffne dein Ohr!
*Dr. phil. Rainer Kühn, Leichlingen, 2003*

NACHDENKEN IST EINE HÖCHST ZWECKLOSE BESCHÄFTIGUNG, SOLANGE MAN NICHTS VON DEN TATSACHEN WEISS.

*George Bernard Shaw*

## Vorwort

Wie sehen die Tatsachen aus? Hinter der Fassade?

In über 25jähriger Tätigkeit als Sozialarbeiterin in den unterschiedlichsten Arbeitsfeldern, hatte (und habe) ich die Gelegenheit, einen Blick auf das 'Dahinter' zu werfen.
 Un-Erhörtes von Kindern, Frauen, Männern tut sich auf. Un-Erhörtes, das scheinbar nicht in unsere enttabuisierte, aufgeklärte, moderne Zeit paßt.

Mit den hier veröffentlichten Texten – über Beziehungsgeflechte, Kinder, ausländische Mitbürger, sexuellen Mißbrauch, Gefühlszustände, Sucht, häusliche Gewalt, (zu) langes Leben und Hoffnungen – möchte ich Sprachrohr sein für die Schüchternen, die Nichtgehörten, die Mißachteten. Sprachrohr gegen stummes Leid, gegen Machtlosigkeit.

NACHDENKEN IST...
In den vergangenen Jahren wurden vielerorts zur 'kleinen' Lösung von politischen, auch sozialen, Problemen 'Runde Tische' aufgestellt. Doch: Was nützen uns aus dem Boden schießende runde Tische, solange die Betroffenen nicht mit daran sitzen?
 Mit diesem Buch möchte ich einen Weg beschreiten, Betroffene mit einzubeziehen. In Lesungen mit anschließenden Diskussionsrunden bringe ich 'Tatsachen' in neuer, sprich: lyrischer Form auf den Tisch und in die Herzen. Nach dem gemeinsamen Blick

hinter die Fassade gilt es, Mut-Schritte zu entwickeln gegen Gewalt und Hilflosigkeit.

Bei Auftritten werde ich häufig gefragt, ob die Gedichte geschrieben sind zur Verarbeitung der dunklen Seiten meiner Berufstätigkeit. Ich möchte mit folgendem Zitat des spanischen Dichters José Hierro antworten:

„Nach einem Gedicht zu suchen ist zwecklos. Du mußt warten, bis es auf dich zukommt und dir gar keine andere Wahl läßt, als es zu Papier zu bringen."

*Barbara Kramer, Hatten 2003*

# MARIONETTE

Hier steh' ich nun. Was heißt: ICH stehe?
Ein JEMAND – ist es ein Mann? ist es eine Frau? – läßt mich stehen.
Dieser JEMAND hat mich fest im Griff.
Hält die Fäden in der Hand.

Wenn er will, daß ich sitze, dann sitze ich.
Wenn er will, daß ich mit den Armen fuchtel, dann fuchtel ich.
Bin Vogelscheuche. Oder Clown.

Nein. Nicht mal das.
Dieser JEMAND hat mich ein für alle
Mal in einen Anzug gesteckt.
Einen blauen Anzug mit einem weißen Hemd.
Also fällt die Rolle des Clowns weg.
Die der Vogelscheuche auch.
Da kann JEMAND mit meinen Armen fuchteln
wie er will.

Der blaue Anzug hat mich festgelegt.
Ich darf nicht aus der Rolle fallen.
Aber welche Rolle spiel' ich eigentlich?

Ich bin niemand.
Immer abhängig. Von JEMAND.
Warten darauf, daß er die Fäden in die Hand nimmt.

Und hoffen darauf, daß er mich nicht fallenläßt.

# HINTER DER FASSADE

deck mich
mit einem mantel
aus fröhlichkeit
deck meine blöße
zu

hinter der fassade
liegt sie
nackt
doch
die sonne
wärmt sie
nicht
meine angst

hinter der fassade
liegt sie
nackt
doch
die sonne
wärmt sie
nicht
meine qual

deck mich
mit einem mantel
aus wärme
deck meine blöße
zu

# DE-MASKIERT

SIE SUCHTE BEACHTUNG

SIE LEGTE AB

ihr abitur
ihre wut
ihre tränen
ihren stolz
ihre kleidung


SIE SUCHTE BEACHTUNG

SIE LEGTE AUF

einen hauch parfum
ein bißchen viel make-up
eine portion gute laune
eine verführerische musik
ein strahlendes lächeln


SIE SUCHTE BEACHTUNG

UND FAND SICH SELBST

NICHT WIEDER

# ENDE DER MAGIE(?)

er zieht sie
an
magisch

sie zieht ihn
an
magisch

dann
zogen sie sich
– endlich –
AUS

# ZWEIFELNAGEN

Vielleicht

gehe ich weiter

Vielleicht

gehst du weiter

Vielleicht

geht es weiter

Vielleicht

gehen wir zu weit?

# SCHNECKENHAUS

Vorsichtig tasten meine Fühler
durch die Luft – keine Gefahr.

Ich krieche ein Stück weiter hinaus.
Und noch ein Stückchen...

Aaaaaahh!

Wie gut es tut,
mich frei zu bewegen.

Ich strecke mich der Sonne entgegen.
Leben.

Oo!

Da stupst mich wer.
Unsanft.

Ich ziehe mich ganz schnell
in mein Haus zurück.

Au! Weh!

Ich krieche ein Stück weiter hinein.
Und noch ein Stückchen...

Gefahr! Gefahr!
Liegt in der Luft...

# LIEBES THEATER!

Es war ein gutes Stück.

3 Jahre lang.

Du spieltest mit was vor.
Ich spielte dir was vor.

3 Jahre lang.

Du applaudiertest mir!
Ich applaudierte dir!

3 Jahre lang.

Du brachtest mich zum Weinen.

3 Jahre lang.

Du brachtest mich zum Lachen.

3 Jahre lang.

Es *war* ein gutes Stück.

Liebestheater?

# VERFILZTES WIR

ALLES WILLST DU VON MIR WISSEN
MEINE GEDANKEN SIND DEINE GEDANKEN

willst mich mit haut und haar

ALLES WILLST DU VON MIR
MEINE ZEIT IST DEINE ZEIT

bis daß von mir bis daß von dir

ALLES WILLST DU
MEIN LEBEN IST DEIN LEBEN

nichts übrig war

# KRAKE
*( I'm stalking )*

AUS DER ENGE
UNSERER LIEBE
VERSUCHE ICH
DEN AUSBRUCH

*DU ENTKOMMST
MIR NICHT
MEINE ARME SIND ÜBERALL
MEINE LIEBE
IST GROSS UND EWIGLICH*

ICH GEHE AUS ALLEIN
NACH UNSERER TRENNUNG
DOCH DU GEHST HINTER MIR
KONTROLLE MUSS SEIN

*DU ENTKOMMST
MIR NICHT
MEINE ARME SIND ÜBERALL
MEINE LIEBE
IST GROSS UND EWIGLICH*

ICH NEHME DEN ANRUF ENTGEGEN
NACH UNSERER TRENNUNG
STÜNDLICH NÄCHTLICH RUFST DU AN
KONTROLLE MUSS SEIN

*DU ENTKOMMST
MIR NICHT*

*MEINE ARME SIND ÜBERALL*
*MEINE LIEBE*
*IST GROSS UND EWIGLICH*

ICH GEHE ZU MEINER WOHNUNG
NACH UNSERER TRENNUNG
DU STEHST SCHON VOR DER TÜR
KONTROLLE MUSS SEIN

*DU ENTKOMMST*
*MIR NICHT*
*MEINE ARME SIND ÜBERALL*
*MEINE LIEBE*
*IST GROSS UND EWIGLICH*

ICH VERSUCHE
DEN AUSBRUCH
IMMER FESTER
DRÜCKST DU ZU


stalking – engl. für: heranpirschen

# ROT

DIE FARBE

DER LIEBE

HATTE ICH GEDACHT

BIS ZUM ERSTEN MAL

DA ER MICH SCHLUG

**BLUT – ROT**

# 4 FARBEN BLAU

WUNDER AUGE
HIMMEL VERSPRECHEN

OH HIMMEL!
OH WUNDER!
INS AUGE.
DAS VERSPRECHEN.

HIMMEL.
DAS BLAUE.
WUNDER.
DAS BLAUE.
AUGE.
DAS BLAUE.
VERSPRECHEN.

WUNDER AUGE
HIMMEL VERSPRECHEN

VERSPRECHEN.
DAS BLAUE.
VOM HIMMEL
HERUNTER.

WUNDER.
DAS BLAUE
ERLEBT.

AUGE.
OH WUNDER:
MIT BLAUEM
DAVONGEKOMMEN!

# PERSPEKTIVE – PERSPEKTIVE?

Ich fahre zum verabredeten Treffpunkt.

Sie ist 24 Jahre *jung*.

Sie ist attraktiv. Ihre langen Beine
stecken in einem grauen Hosenanzug.
Das blonde, dichte Haar hat sie zu
einem Pferdeschwanz zusammengebunden.

Sie hat zwei Kinder,
einen Jungen und ein Mädchen,
acht und vier Jahre alt.

Sie hat eine eigene Firma.
Von dem Geld sieht sie nichts.

Sie hat aufgesprungene, blutige Lippen.
Ihr Mann hat sie grün und blau geschlagen.

Sie ist 24 Jahre *alt*.

Sie hat – bis heute nicht gelebt...

# UNGEHEUER

Sprachlosigkeit.
Sie brodelt in mir.
Ungeheuerlichkeit.
In Worte fassen.

Ungeheure Sprachlosigkeit.
Brodelnde Worte.

Wie Lava
ergießt sich
die Wut
aus meinen Lippen.

Sie kochte das Mahl.
Für den Mann.
Für den 1. Sohn.
Für den 2. Sohn.
Für den 3. Sohn.

Der Mann entleerte sich.
Und gab seinen Kot
auf das Mahl.
Für sie.
Für den 1. Sohn.
Für den 2. Sohn.
Für den 3. Sohn.

Und zwang sie
den 1. Sohn
den 2. Sohn
den 3. Sohn
zu essen.

7 Jahre
hielt sie durch.
Dann brach sie zusammen.

Und flüchtete
mit
dem 1. Sohn
dem 2. Sohn
dem 3. Sohn.

Der Mann
sitzt zu Hause.
Und wartet.

Einsperren
kann ihn keiner.
Unsere Gesetzgebung
gibt das nicht her.

Er müßte schon töten.
Sie.
Oder wenigstens
den 1. Sohn
den 2. Sohn
den 3. Sohn.

## DIE HEIL(IG)E FAMILIE

Schwarze Schafe
gab es immer.
Teppiche nicht.
Stroh auch.

Josef, Maria, Jesus,
ein schwarzes Schaf, ein Stall.
Alle sind willkommen.
Im Stall
der heiligen Familie.

Das Kind ist willkommen. Im Stall.
Dem schwarzen Schaf
wird frisches Heu aufgeschüttet.

Vater, Mutter, Kind,
ein schwarzes Schaf, ein Haus.
Alle sind willkommen.
Im Haus
der heilen Familie.

Das Kind ist willkommen. Im Haus.
Das schwarze Schaf
wird unter den Teppich gekehrt.

Schwarze Schafe
gab es immer.
Stroh auch.
Teppiche nicht.

# VIELFALT

Eine Frau. Ein Mann.
Leben zusammen.
Eine Schwester. Mit ihrer Schwester.
Leben zusammen.
Viele Frauen.
Leben zusammen.
Viele Männer.
Leben zusammen.
Zwei Frauen. Drei Kinder.
Leben zusammen.
Drei Männer. Zwei Kinder.
Leben zusammen.
Eine Frau und ihr Harem.
Leben zusammen.
Ein Mann und sein Harem.
Leben zusammen.
Eine Enkelin. Eine Großmutter.
Leben zusammen.
Drei Männer. Drei Frauen. Fünf Kinder.
Leben zusammen.

Wer hat uns auf Vater, Mutter, Kind reduziert?
Leben ist Vielfalt.

Probieren wir uns aus!

# ZU LEISE?

Ich flüst're:
NEIN!

Was sagst du:
klein?

Ich sage:
NEIN!

Was sagst du:
gemein?

Ich schreie:
NEIN!

WAS???

Du sagst:
NEIN?

*Ich* muß mich wohl
verhört haben!?

Ich sage:
NEIN.

## *ALLES* AUFDECKEN?

Sie überlegt.
Sie zögert.
Soll sie mehr aufdecken?

Der Kuchen sieht lecker aus.
Die ganze Mischpoke sitzt schon.
Happy beieinander.

Sie überlegt.
Sie zögert.
Endlich *alles* auf den Tisch?

Den Kuchen.
Den Mißbrauch.
Alles?

Einmal *alles* auf den Tisch?
Sie überlegt.
Sie zögert.

Die ganze Mischpoke wird wieder sitzen.
Happy beieinander.
Mit Kuchen. Ohne sie.

Sie überlegt.
Soll sie mehr aufdecken?
Sie zögert.

Die ganze Mischpoke wird sich das Maul zerfetzen.
Und sie ein weiteres Mal
zum Opfer machen.

Sie überlegt.
Sie zögert.
Endlich *alles* auf den Tisch?

# GEDANKENKARUSSELL

Es dreht sich.
Schnell. Schneller.

Gedanken. Kette.
Kettenkarussell.

Bitterböse. Honigsüße.
Liebestolle. Haßverzehrte.

Es dreht sich.
Tags. Nachts.

Gedanken. Kette.
Kettenkarussell.

Abschweifende. Aufblitzende.
Haltlose. Unfaßbare.

Es dreht sich.
Alles dreht sich.

Gedanken. Kette.
Kettenkarussell.

Verfolgende. Schlafraubende.
Quälende. Kein Rettender.

Es dreht sich.
Halt an.

ICH STEIGE AUS!

# TRÄNEN, UNGEWEINT

Tränen, ungeweint
hängt ihr am Herzen
fest, hält der Alltag
euch in seinem
Würgegriff.

Dämme, hochgestaut
haltet ihr dem Druck
kaum stand, lauert voller
Ungeduld auf
Durchbruch.

Schwermut, ungefragt
kriechst du durch alle
Ritzen, legst Schleier
neblig auf's
Gemüt.

Tränen, ungeweint
hängt ihr in Schwermut
fest, wann bricht
der Damm und bringt
Erlösung?

# (ENT)SCHEIDUNGS-FREIHEIT?!

Die Ehe ist ein Graus.
Sie halt ich keinen Tag mehr aus.

Ich bin frei.
O ja.
Ich bin so frei.

Im Haus ist schönes Allerlei.
Ich behalte das Haus.

Der Garten ist ein Augenschmaus.
Ich behalte den Garten.

Die Kinder sind gut geraten.
Ich behalte die Kinder.

Die Ehe ist ein Graus.
Sie halt ich keinen Tag mehr aus.

Ich bin frei.
O ja.
Soooo frei...

## DOPPELTES LEID

Hunger droht.
Armut droht.
Krieg droht.


Ein Schiff kommt.
Die Familie flieht.


Die Zukunft: ungewiß.


Der Mann droht.
Der Vater droht.


Ein Zug kommt.
Die Frau flieht.
Die Kinder fliehen.


Die Zukunft: ungewiß.

# MULTIKULTURELL

Eine Frau
Ein Kind
Gefangen

In türkischen Traditionen
In deutschen Landen

Auf der Suche

Nach Schutz

Im Frauenhaus


Wie lange braucht Veränderung?

In der Mittagspause
In der Sonne
Trinke ich

Italienischen Cappucchino

# EHRENTRILOGIE

### I. FAMILIENEHRE


DER VATER TÖTET.
SEINE TOCHTER HAT
DIE EHRE
DER FAMILIE
BESCHMUTZT. DER VATER
IST EIN EHRENMANN.

DER VATER TÖTET.

SEINE TOCHTER HAT
DIE EHRE
DER FAMILIE
BESCHMUTZT.

DER VATER
IST EIN EHRENMANN.

DER VATER TÖTET
SEINE TOCHTER.

HAT
DIE EHRE
DER FAMILIE
BESCHMUTZT.

DER VATER
IST EIN EHRENMANN?

**II. SEIN EHRENWORT**

DER ALTE KANZLER BERUFT

SICH AUF SEIN WORT

DER EHRE SEIN EHRENWORT

HAT ER GEGEBEN

FÜR VIEL GELD

DIE EHRE VIELER

ENTEHRT DIE HOFFNUNG

AUF EHRBARKEIT

VERGEBEN

DER ALTE KANZLER BERUFT

SICH AUF SEIN WORT

DER EHRE. SEIN EHRENWORT

HAT ER GEGEBEN.

FÜR VIEL GELD

DIE EHRE VIELER

ENTEHRT. DIE HOFFNUNG

AUF EHRBARKEIT

VERGEBEN.

**III. LETZTE EHRE**

DER SOLDAT FÄLLT

AUF DEM FELDE

DER EHRE WEGEN

HAT ER SICH FREIWILLIG

GEMELDET AUF DEM SCHLACHTFELD

VERLOR ER SEIN LEBEN UND

SEINE EHRE IM LEIBE

FAND DIE LETZTE EHRE

AUF DEM EHRENMAL

# Ausländer = Ausländer
oder
# Wie wär's denn mit 'nem Schwiegersohn?

Ein Brite?
I'm not amused.
Schublade auf.
Schublade zu.

Ein Franzose?
Oh la la.
Schublade auf.
Schublade zu.

Ein Ami?
Go home.
Schublade auf.
Schublade zu.

Ein Türke.
Ein Türke?
Schublade auf.
Schublade zu.

Ein S(ch)wede.
Braungelockt. Braunäugig.
Oh!
Schublade passt nicht.
Ein Finne
Schublade klemmt...

Wann ist der Mensch ein Mensch?!

# KETTENREAKTION

FREMDES

erzeugt

ANGST

erzeugt

ISOLATION

erzeugt

AGGRESSION

erzeugt

GEWALT

TOLERANZ

erzeugt

MITEINANDER

erzeugt

VERSTÄNDNIS

erzeugt

INTEGRATION

verhindert

GEWALT

# KREISLAUF

Er redete und redete. Niemand schenkte ihm Gehör. Die Großen schubsten ihn beiseite, sahen durch ihn durch. Er war Luft. Seine Worte verloren sich im Raum. Ohnmacht kroch in ihm hoch.

Na wartet... wartet... wartet...

Er wurde älter, größer, seine Stimme tiefer, lauter.

Er redete und redete. Niemand schenkte ihm Gehör. Er redete zu laut, er redete zu viel – wollte nachholen, seine Kindheit, wollte vergessen, die Schmach. Es gab kein Nachholen, es gab kein Vergessen. Die Menschen in seiner Nähe wandten sich – unangenehm berührt – ab. Seine Ohnmacht blieb, fraß sich tiefer. In ihn hinein.

Da traf er SIE. Sie hörte zu und ließ ihn reden. Ja, blickte manchmal bewundernd zu ihm auf. Was er alles wußte! Mit jedem Aufleuchten in ihren Augen nahm sie ihm mehr von seiner Ohnmacht. Er wurde groß und stark. Keiner mehr würde ihn beiseite schubsen.

Als alles gesagt war, wünschte auch SIE Gehör. Doch er redete und redete – war geworden wie die Großen seiner Kindheit. Er schubste sie beiseite, sie wurde Luft für ihn. Ihre Worte verhallten im Raum. Er redete und redete und spottete und ließ sie nicht zu Worte kommen. Sie griff zur Flasche.

Ertränkte die Worte, das letzte bißchen Widerstand. Und – sie gebar ein Kind. Vielleicht würde sie dort...? Wer weiß.

Das Kind – ein kleiner Sohn. Zu ihm konnte sie reden. Das Kind, es hörte ihr zu. Ja, blickte mal juchzend, mal bewundernd zur

Mutter auf. Was sie alles wußte... Und sie erklärte ihm die Welt – wenn der Vater nicht zu Hause war.

Am Abend griff sie wieder zur Flasche. Da war der Vater zu Haus. Und redete und redete. Die Mutter an die Wand.

Das Kind lernte. Lernte die ersten Worte, lernte leben – mit den Worten der Mutter am Tage, den Worten des Vaters am Abend. Und hörte zu. Es kamen neue Worte. Es kamen erste Fragen. Warum war die Mutter so anders – am Abend? Warum schenkte der Vater ihm – kein Gehör?

Das Kind redete. Fragte. Fragte und redete. Keine Antwort. Kein Gehör. Die Großen schubsten ihn beiseite, sahen durch ihn durch. Er war Luft.

Seine Worte verloren sich im Raum...

# NACH DER THERAPIE
oder
# NICHT MEHR BENEBELT

WENN NEBEL

SICH LICHTET

DRINGEN SONNENSTRAHLEN

AUCH

DURCH

DEN TIEFSTEN WALD.

## FÜR EINEN FREUND

Er hatte den Gang eines Wolfes.
Eines hungrigen Wolfes –
hungrig nach Leben.

Auf der Suche
streifte er durch viele Straßen.
Er fand es nicht.
Streifte es
nur hier und da.

Der Wolf näherte sich
Menschen, Frauen, Menschenfrauen.
Sie blieben zwar fremd –
doch faszinierten sie.

An manchen Tagen ließ er sie
– in seinem Hunger –
näher an sich heran, fraß ihnen
fast aus der Hand.

Sie glaubten schon, sie hätten ihn.
Gezähmt.
Da lief er in den Wald zurück,
verschwand auf lange Zeit.
Bis der Hunger tiefer nagte.

Er streifte andere Straßen.
Straßen des Lebens.
Leben in jeder von ihnen.
Doch er sah es nicht, zauderte.
Wich ihm aus.

Hunger nagte.
Schlimmer noch:
der Durst.

Lebenshunger stillen,
die ach so trock'ne Kehle feuchten,
den Verstand benebeln,
Denken ausschalten,
Vergessen,
alles vergessen...

Der Durst brannte.
Am Abend trieb er den Wolf
die Gassen entlang.

Einkehr.
Die Kneipe öffnet sich.

Erstaunt sieht er sie sitzen
im schummrigen Licht:
and're Wölfe, graue Wölfe,
ausgehungert mit zerzaustem Fell.

Die Suche geht weiter.
Sie suchen gemeinsam.
Den Sinn.
In Worten
finden sie ihn
nicht.

Die Nacht wird lang.
Sie suchen weiter.
Die Stimmen werden lauter.

Ein Lachen dazwischen.
Ein Funken Lebensfreude?
Der Funken springt nicht über.

Sie belachen sich selbst.
Die Stimmen werden rauh.
Die Kehle schreit:
Benetzung, immer mehr, immer mehr...

Worte
Ängste
Sehnsüchte
entspringen den Gedanken,
sind ausgesprochen –
ungewollt.

Durst-Löscher
– von Menschenhand gebraut –
haben es in sich,
machen frei.
Für kurze Zeit.

Sie löschen nicht
den Brand
das Feuer
innen.

Es brennt,
es schmerzt,
es brennt weiter.

Warum kann ich es nicht:
l e b e n ???

Die Nacht wird hell,
der Tag bricht an,
der Wolf schleicht in den Wald zurück.
Einsam.

# Für Aileen

ermordet im November 2001 von einem „Freund"

DIE ERDE KREIST.

WIR WOLLEN LEBEN.

FREI.

FREI VON GEWALT.

IM NORDEN

IM SÜDEN

IM OSTEN

IM WESTEN

DIE ERDE KREIST.

                    ICH WOLLTE LEBEN... Aileen

# NUR EIN SPIEL!?
oder
# IN DEUTSCHEN WOHNZIMMERN

COMMAND AND CONQUER.

Ich sitze in meinem Sessel und starre in seine Augen.
„Kane kennt unsere Pläne! Schalte ihn aus! Das ist ein Befehl!" höre ich seine Stimme. Jetzt stellt er mir den ORKA, unseren neuesten Kampfhubschrauber, vor. „Okay, mit diesem »babe« werde ich seinen miesen Arsch in die Hölle jagen", denke ich mir. Ich überleg' einen kurzen Augenblick, ob ich nicht die Seiten wechseln sollte.
Aber damit würde ich ihm helfen, die Erde zur Apokalypse zu führen – damit würde ich die gesamte Menschheit vernichten. Nein!
Lieber töte ich einen einzelnen Mann. Und wenn es sein muß, seine Privatarmee. Aber die Menschheit verraten? Niemals! Also zieh ich ins Gefecht und schlage mich durch. Endlich habe ich ihn erreicht: den Inbegriff des Bösen.
Ein greller Blitz schlägt aus dem Himmel herab und tötet alles, was in und um Kanes Tempel herum ist. Sie ist grausam, die Ionen-Kanone. Aber präzise. Und sie löscht – in den richtigen Händen – alles Böse aus.

Und wieder habe ich das Spiel durch.
Ich wechsle die CD und spiele ein Rennspiel...

von *Jonas Engel*

## Was wurde eigentlich aus Zappelphilipp?

Der Papa weiß keinen Rat,
Mutter seufzt nur stumm zur Tat.

„Ob der Philipp heute still
wohl bei Tische sitzen will?"

Und Philipp?

Gaukelt und schaukelt
trappelt und zappelt.
Auf dem Stuhle hin und her.

„Philipp, das mißfällt uns sehr!"

Der Papa weiß keinen Rat,
Mutter seufzt nur stumm zur Tat.

Doch. Ja.
Das Leben.
Es ist einfacher geworden.

Mutter als Privatchauffeur,
keine langweiligen Spaziergänge mehr.
Weiter Schulweg nun ade,
nachmittags TV PC.

Und Philipp?

Gaukelt nicht und schaukelt nicht.
Trappelt nicht und zappelt nicht.

Denn
das Leben.
Es ist einfacher geworden.

Der Herr Doktor weiß heut' Rat,
Mutter schreitet frisch zur Tat.

„Philipp. Rutsch nicht her und hin.
Komm. Schluck noch 'ne Ritalin."

# aufgeklärte zeiten

zu früh
ich bin sechzehn

ich kann dir
nichts geben
mein kind

wenn ich dich sehe
seh ich dich nicht

wenn ich dich fühle
fühl ich dich nicht

wenn ich dich halte
halt ich dich nicht

ich kann dir
nichts geben
mein kind

zu früh
viel zu früh

# **KEINE SORGE!**
## Eine kleine Geschichte vom Da-sein

Da war Brot.

KEINE SORGE!

Da war Brot.

Es machte nicht satt.

Da war Kleidung.

KEINE SORGE!

Da war Kleidung.

Sie machte nicht warm.

Da war Mutter.

KEINE SORGE!

Da war Mutter.

*Wo* war Mutter?

# VATERLOS

zerbrechlich
zart
stolpert er
am Abgrund
lang

schweigsam
balancierend
schreit er
um Hilfe
innerlich

halt mich fest
wo bist du nur
er greift ins Leere
auf der Suche nach

der Vaterhand

## VATER IST EIN RIESE

Plötzlich stehst du vor mir,
groß, stark, ungeduldig.

Gerade noch
war ich in mein Spiel vertieft,
glücklich im Kreis meiner Freunde.

Doch du mußt weg.

Jetzt.

Sofort.

Einkaufen,
obwohl die Läden
noch Stunden geöffnet sind.

Du siehst nicht nach mir,
meinem kleinen
Kinderwillen.

Unwichtig.

Ich will nicht mit.
Nicht jetzt.

Ich ziehe
meine Schuh' nicht an!

Doch mein Protest
verhallt....

    **Du schnappst**
       **mich,**
    **die Schuhe,**
**und steckst uns ins Auto.**

**Du bist der Stärkere!**

# WARUM SO STUMM, MEIN KIND?

Das Kind redet nicht.

Kleine Schreie
Spitze Schreie

Schmerzensschreie

Bahnen sich den Weg.
Aus seinem Mund.

Das Kind redet nicht.

Reden ist
Schreien ist

Krieg.

Vaterkrieg. Mutterkrieg.
Familienkrieg.

Das Kind redet nicht.


(Mit gebroch'nem Nasenbein sitzt die Mutter da
und träumt von heiler Welt:
ein Leben auf dem Bauernhof – die Lösung allen Übels? )

# (Ent)Scheidungskinder

Wir haben uns
entschieden
für
DICH

als wir uns
noch liebten

Nun mußt
DU DICH
entscheiden

für einen
von uns

da wir
uns nicht
mehr lieben

# TRÜBSAL
oder
# KINDERSTÄRKE

Alles grau in grau.
Der Himmel.
Die Landschaft.
Mein Gemüt.

Ich blase Trübsal.
„Trübsal: ich blase.
Warum verziehst du dich nicht?"
Ich blase und blase.

Kommt ein Mann vorbei.
Wir blasen Trübsal.
„Trübsal: wir blasen.
Warum verziehst du dich nicht?"

Kommt eine Frau vorbei.
Wir blasen Trübsal.
„Trübsal: wir blasen.
Warum verziehst du dich nicht?"
Wir blasen und blasen.

Kommt ein Kind vorbei.
Bläst Seife.

Und – schwupp – die – wupp:
Seifenblasen blasen Trübsal fort!

## DREIZEHNTE FEE

Die dreizehnte Fee tritt ein.
Das Mädchen in der Wiege
beginnt zu weinen.

Die dreizehnte Fee verwünscht:
Noch vor deinem siebten Jahre
wird dein Vater
deine Mutter
töten.

Der Fluch ist gesprochen.

Die zwölfte Fee
hat einen Wunsch noch frei.
Versucht zu mildern:
Deine Mutter soll
nicht sterben.

Die Feen sind fort.
Das Leben beginnt.

Das Mädchen steht
im siebten Jahre.

Der Vater schleicht
in die Wohnung der Mutter.

Sticht zu.
25 Mal.

Die Mutter überlebt.
Irgendwie.

Werden die Wünsche
der elf anderen Feen
*dem Mädchen* helfen
zu überleben?

Kein Märchen.
Deutschland 2000.
In friedlichen Zeiten.

Die Jugendämter streiten
um die Zuständigkeit.

# VERORDNUNG

MÄDCHEN
ZWÖLF
MISSBRAUCHT

MANN
SECHSUNDDREISSIG
TÄTER

SCHWERE KINDHEIT
SEINE MUTTER
NICHT SEHR REINLICH
TRANK

VERORDNUNG
DREI JAHRE THERAPIE
FREI

MÄDCHEN
ZWÖLF
VERORDNUNG

???

# NEIN!

Jahrelang war sie nie alleine im Wald gewesen
und immer vor Einbruch der Dunkelheit nach Hause gekommen.
Jahrelang hatte sie einsame Wege gemieden
und nicht mit fremden Männern gesprochen.

Jahrelang.

Und dann passierte es doch.
Völlig überraschend. Völlig unerwartet.
Nicht der bärtige Mann im Gebüsch, sondern ihr eigener Onkel.
Nicht draußen an der ruhigen Straße, sondern auf ihrem eigenen
Bett.
Sie empfand Ekel. Abscheu. Brechreiz.
Später dann Wut und Haß.
Sie schluchzte leise, doch sie wehrte sich nicht,
ließ es still leidend über sich ergehen.

Denn sie hatte gelernt, belebte Straßen zu benutzen
und immer mit mehreren nach Hause zu fahren.
Sie hatte gelernt, keine aufreizenden Röcke zu tragen
und immer Tränengas in der Tasche zu haben.

Doch sie hatte nie gelernt, NEIN! zu sagen.

von *Sarah Eckhardt*

Leserinnenbrief – eine Möglichkeit der Blickwinkelverschiebung

Stellungnahme zum Artikel

„18 Frauen bei Razzia vorläufig festgenommen"

## PROSTITUTION

»18 Frauen bei Razzia vorläufig festgenommen. (...) Zwei Frauen kamen in Abschiebehaft, 16 erhielten die Aufforderung, das Land sofort zu verlassen.«

Soweit die Fakten in unserer Morgenzeitung.
Sind das die Fakten? Ich lese weiter.

»Die Polizei nahm im Verlauf der Razzia 18 Frauen im Alter zwischen 18 und 35 Jahren vorläufig fest (...) Die Betreiber müssen sich wegen des Verdachts der Förderung der Prostitution verantworten. Sie wurden aber nicht in Haft genommen.«

*Warum* nicht? frage ich mich. Vor *wem* müssen die Betreiber sich verantworten? frage ich mich. Frage ich zu viel? Frage ich unliebsam?

Wie sind denn die Frauen aus Rußland, Weißrußland und Litauen in unseren schönen Landkreis ins Bordell gekommen? Zu Fuß? Leuchtet das Rotlicht so weit? Zieht es magisch an?

Können die Frauen – aus Rußland, Weißrußland, Litauen – etwa gar nicht anders, als sich schnurstracks auf den Weg zu machen? Oder wird ihnen vielleicht das Blaue vom Himmel versprochen?

Kennen Sie – liebe LeserInnen – die Methoden / die Anzeigen, die die Hoffnung auf dem Weg aus absoluter Armut nähren?

Beispiel (das Ganze in russischer Sprache):
„Ich, Ludmilla, habe vor 2 Jahren in Deutschland das große Glück gefunden. Bin jetzt hier verheiratet, habe eine kleine Tochter, und mein Mann und ich leben in einer schönen 4-Zimmer-Wohnung. Ich möchte mein Glück teilen. Willst auch du in Deutschland leben? Dann ruf mich an unter Tel.-Nr..."

Können Sie sich in die Situation der Frauen hineinversetzen? Ihr Erstaunen, ihr Entsetzen, ihre Fassungslosigkeit verstehen, wenn diese Frauen sich plötzlich eingesperrt – ohne jegliche Ortskenntnis, ohne jegliche Sprachkenntnis, ohne Fluchtmöglichkeit – im Bordell wiederfinden?

Ich will es mir gar nicht vorstellen. Aber einen Wunsch habe ich, einen kleinen – vor der großen Ohnmacht.

Einen kleinen Wunsch an unsere Morgenzeitung: Fakten aufs Papier. Und Nachdenken. Und Überdenken. Und Erkennen. Erkennen der Bedeutung von Überschriften.

Ich gebe zu, das mit dem *kleinen* Wunsch, das ist nicht Fakt. Aber wie wär's denn mit der Überschrift: 18 Frauen aus den Händen von Bordellbesitzern *befreit*?

Wir kämen ein kleines Stückchen davon ab, die Opfer ein zweites Mal zu Opfern zu machen. Und das ist immerhin ein Schritt. Ein Schritt zu mehr Gerechtigkeit.

# GEHÖR

Ich erzähle Dir.
Von mir.
Aus diesem meinem Leben.

Hat es das wirklich alles gegeben?

Ich suche Vergessen.

Doch bin ganz besessen
von Bildern,
die wildern
durch meine Gedanken.

Kein Halt. Keine Schranken.
Ich muß sie wohl zähmen,
die Bilder. Bevor sie mich lähmen.

Wer hilft mir dabei?

Ach, es ist einerlei,
wer. Willst du es sein?

Oder schaff' ich's allein?

Komm. Setz dich zu mir.
Und ich erzähle dir
aus diesem, meinem Leben.

# GROSSMUTTER

Martha sitzt am Fenster

Martha hängt ihren Gedanken nach

Martha hat fast 100 Jahre durchlebt

2 Kriege überlebt

den Mann verloren
die Heimat verloren

die Kinder allein durchgebracht

die Tochter verstorben
der Enkel verstorben

Freunde überlebt

Wohin denkt sie?

Es ist so still in ihrem Zimmer

So still...

# GROSSMUTTER – EIN ANDERER TAG

Martha sitzt am Fenster.
Martha hängt ihren Gedanken nach.
Martha hat fast 100 Jahre durchlebt.

Die Tür öffnet sich.
Besuch.
Martha sitzt am Fenster.

Langsam geht die Enkelin
auf Martha zu.
Setzt sich. Gegenüber.

Martha erkennt nicht.
Ihre Augen forschen
in denen der Enkelin.

Wer ist diese junge Frau?
Was will sie hier?
Martha braucht Zeit.

Diese Augen.
Martha sieht die junge Frau
lange an.

Freundlich.
Forschend.
Ist da Vertrautes im Blick?

Die junge Frau wartet.
Lächelt liebevoll zurück.
Ob Martha sie heute erkennt?

Martha denkt nach.
„Müßte ich Sie kennen?"
Die Enkelin nickt.

Ein kleines Ratespielchen.
Martha liebt Ratespielchen.
„Karen"?

Die junge Frau nickt.
Karen und Martha
strahlen sich an. Erkannt!

„Dann sind wir ja verwandt.
Da müssen wir uns ja nicht siezen."
Martha freut sich.

„Wie sind wir denn verwandt?
Du bist doch nicht meine Tochter?"
In Marthas Kopf arbeitet es.

Behutsam knüpft Karen
mit vertrauten Namen Verbindungen
in Marthas Kopf.

Marthas Blick wird immer heller.
Sie reisen
zusammen nach Danzig, Oliva.

Martha erzählt
von flotten, jungen Burschen.
Umschwärmt.

Sie schenkten bunte Bänder ihr.
Liebespfand. Zur Zierde
für Marthas Mandoline.

Martha beginnt,
mit brüchiger Stimme, strahlendem Blick
zu singen.

... und wenn du denkst
es geht nichts mehr
kommt irgendwo ein Lichtlein her...

Marthas Lebensphilosophie.
Wie oft hat Karen
dieser Spruch geärgert.

Heute möchte *sie*
Marthas Lichtlein sein.

# VIEL ZU EINFACH?

Gewalt.
Ein Berg.
Hoch.
Sehr hoch.
Unüberwindbar?

Mut.
Schritte.
Kleine.
Kleine Mutschritte.
Verschnaufen.

Gewalt.
Ein Berg.
Dunkel.
Bedrohlich.
Unüberwindbar?

Mut.
Schritte.
Kleine.
Kleine Mutschritte.
Verschnaufen.

Gewalt.
Ein Berg.
Wird licht.
Eine Anhöhe.
Die Aussicht:

FANTASTISCH!

# OFFENHEIT

Gewalt überwinden.
Geht das?
Wie geht das?

Öffne dein Ohr!
Ein erster Schritt...

Öffne deine Augen!
Ein zweiter Schritt...

Öffne dein Herz!
Ein dritter Schritt...

Öffne deine Tür...

Geht das?
Es geht.
Gewalt überwinden.

# LEBEN

ICH TAUCHE AUF

ICH TAUCHE EIN

ICH TAUCHE UNTER


ICH TAUCHE UNTER

ICH TAUCHE AUF

ICH TAUCHE EIN


ICH TAUCHE EIN

ICH TAUCHE UNTER

ICH TAUCHE AUF


LEBEN